EDICT DV ROY,

sur le faict des duels & rencontres.

Publié en Parlement le 24. Mars 1626.

A PARIS,

Chez C. MOREL, P. METTAYER, &
A. ESTIENE Imprimeurs &
Libraires ordinaires du Roy.
M DC XXVII.
Auec Priuilege de sa Majesté.

LOVIS par la grace de Dieu Roy de France & de Nauarre, A tous presens & à venir, Salut, Comme il n'y a rien qui viole plus sacrilegement la loy de Deu que la rage effrenee des duels, ny qui soit plus contraire à la conseruation & augmentation de nostre estat, en ce qu'il se perd par cette fureur grand nombre de Noblesse, qui en est vne des principales colomnes : Aussi Nous auons iusques icy recherché tous les moyens à Nous possibles pour en arrester le cours par la terreur des peines rigoureuses, & chastimens exemplaires, imposez à ce crime par nos precedens Edicts : Mais d'autant que la qualité desdites peines est telle qu'aucuns de ceux qui ont l'honneur d'approcher prés de nostre personne, ont pris souuent la liberté de nous importuner pour en moderer la rigueur en diuerses occasions : Ce qui a faict que les coulpables qui ont par cette faueur & consideration obtenu sur ce nos Lettres d'abolition, sont demeurez impunis contre nostre intention : & que d'ailleurs par la concession de ces premieres graces particulieres nous auons esté n'agueres d'autant plus obligez de deferer à l'instante priere qui nous en a esté faicte de la part de nostre tres-chere & bien amee sœur, la Royne de la grande Bretagne, sur le point & en consideration de son mariage, & des graces, allegresses & contentement public qu'en ont deu receuoir tous les peuples de nos Royaumes, d'accorder vne abolition generale de tous lesdits crimes pour le passé. Desirant remedier & pouruoir de nouueau à ce que telles fautes ne se

commettent cy aprés ſur l'eſperance d'impunité, & y
meſme preuenir & empeſcher la licence & l'effect de
toutes les prieres ou importunitez qui nous pourroiét
eſtre faictes pour exempter les coulpables du chaſti-
ment qu'ils auront merité, Nous ſans reuoquer nos
precedens Edicts pour l aduenir, Auons aduiſé & re-
ſolu d'eſtablir & impoſer nouuelles peines, d autant
plus conuenables aux fins que nous nous propoſons,
qu'eſtans moins rigoureuſes il ſera moins loiſible de
nous requerir & importuner pour en deſcharger les
coulpables, qui n'en pourront iamais eſtre diſpenſez
pour quelque cauſe & par quelque voye que ce puiſſe
eſtre.

I.

A ces cauſes de l'aduis de la Royne noſtre tres hono-
ree Dame & Mere, noſtre tres-cher & bien amé Frere
le Duc d'Anjou, Princes de noſtre Sang, autres Princes
Officiers de noſtre Couronne, & autres principaux de
noſtre Conſeil, Nous auons en la faueur & conſidera-
tion de noſtre tres-chere & bien amee ſœur la Royne
de la grande Bretagne, remis, quitté, pardonné & abo-
ly: remettons, quittons, pardonnons & aboliſſons, les
cas & crimes commis par cy deuant contre noſdicts
Edict des Duels & rencontres: Remettons les coulpables en leur bonne fame & renommee, & en leurs
biens, meſmes ceux, ou heritiers d'iceux contre leſquels ſeroient interuenus Arreſts de condamnation en
nos Cours Souueraines par defauts & contumaces: &
impoſons ſur ce ſilence perpetuel à nos Procureurs
Generaux, leurs Subſtituts, & tous autres, ſans preiudice toutesfois des dons par nous faicts des confiſca-
tions à nous acquiſes & à la charge que ceux qui s'e-
ſtans batus auront tué, & ſont encore à preſent viuans,
ſeront tenus de prendre Lettres particulieres d'abolition de Nous, les faire enregiſtrer en nos Parlemens,

& de satisfaire aux parties ciuiles, s'il y eschet. Ordonnons que tous ceux qui tomberont à l'aduenir dans ce crime soient appellans, ou appellez nonobstant quelques Lettres de grace, ou pardons qu'ils puissent obtenir de Nous par surprise, ou autrement, demeureront deslors priuez de toutes leurs charges, s'ils en ont, ausquelles à l'instant sera par nous pourueu, & pareillement descheus de toutes pensions, & autres graces qu'ils tiendront de nous, sans esperance de les recouurer iamais, & qu'en outre ils seront punis selon la rigueur de nos Edicts precedens, ainsi que les Iuges verront que l'atrocité des crimes & circonstances d'iceux le pourront meriter : laissant à la religion de nosdicts Iuges d infliger plus grande peines selon qu'ils iugeront en leurs consciences, sans neantmoins que la moderation des peines cy apres exprimees, se puisse estendre sur ceux qui contreuenans à cet Edict auront tué, auquel cas nous entendons que la rigueur de nos precedens Edicts ait lieu.

II.

Et en cas que ceux qui nous auront contraints de les priuer de leurs charges s'en ressentent enuers ceux que nous en aurons pourueus, & les appellent, ou excitent au combat, soit par eux-mesmes, ou par autruy, par rencontre, ou autrement, Nous voulons que telles gens, & ceux dont ils se seruent soient dégradez de Noblesse, declarez infames, & punis de mort, sans pouuoir iamais estre releuez desdites peines par aucunes de nos Lettres, ausquelles nous defendons tres-expressément à nos Officiers d'auoir esgard, si tant est que par surprise, ou autrement ils vinsset à en obtenir.

III.

Voulons aussi que le tiers des biens des appellans & appellez demeure confisqué, moitié aux Hospitaux qui seront establis dans les Prouinces pour les soldats estropiez, dont nous chargeons nos Procureurs Generaux, leurs Substituts, & tous ceux qui auront charge de l'administration desdits Hospitaux, de faire soigneuse recherche & poursuitte, à peine d'en respondre en leur nom: en consideration dequoy, Nous ordonnons que leur action dure pour le temps & espace de vingt ans, quand mesme ils ne feroient aucune poursuitte qui la peut proroger, & l'autre moitié applicable à nous pour en disposer, soit en faueur desdits Hospitaux, ou autrement, ainsi que nous verrons bon estre, le quart de nostredit demy tiers prealablement pris pour les delateurs: Et au cas que lesdits coulpables fussent trouuez dans nostre Royaume pendant les trois ans de leur banissement, Nous voulons qu'vn autre tiers de leur bien soit pareillement confisqué pour la susdite contrauention & infraction de leur ban, applicable comme dessus, moitié à nous, & l'autre moitié ausdits Hospitaux, le quart du premier demy tiers prealablement pris pour les delateurs, & qu'en outre à la diligence de nos Procureurs Generaux, ou leurs Substituts sur la premiere delation qui leur en sera faite, ou aduis à eux donné desdites infractions de ban, les coulpables soiét mis & retenus prisonniers iusques à la fin dudict banissement: enioignant pour cét effect aux Gouuerneurs, Lieutenans Generaux, Baillifs, Seneschaux Gouuerneurs particuliers de nos villes, & Preuosts des Mareschaux, de leur donner main forte à l'execution de ce que dessus, toutesfois & quantes qu'ils en seront requis.

I V.

Et bien que les appellans & appellez esdits Duels soient tous coupables, celuy qui prouoque estant principal autheur du crime de tous les deux, Nous voulons qu'outre les peines cy-dessus specifiees, tout appellant ait trois ans de bannissement, & qu'au lieu d'vn tiers de son bien, il en perde la moitié, applicable comme dessus, sans preiudice aussi de plus grande peine, si nos Iuges ordinaires iugent l'atrocité du cas le meriter.

V.

Et pource qu'il est diuerses fois arriué qu'aucuns pour euiter la rigueur des peines que nos Edicts imposent à tels crimes, ont recherché l'occasion de se rencontrer pour couurir le dessein premedité qu'ils auoient de se battre, Nous voulons & ordonnon que si ceux qui auront eu querelle, differens, ou pretenduë offense de part & d'autre, viennent à se rencontrer, & se battre seuls, ou en pareil estat, & nombre de part & d'autre, à pied ou à cheual, l'agresseur soit subiet aux mesmes peines & rigueurs, tant de nostre present Edict que des precedens, encores que d'ailleurs il ne fut pas verifié que son dessein fut premedité: & où l'agression ne se pourra prouuer, Nous entendons que lesdictes deux parties soient esgalement chastiees, sauf s'il arriuoit combat en d'autres rencontres de nombre inesgal, & sans precedente aigreur, à proceder contre les seuls agresseurs & coulpables, & les punir par les voyes ordinaires.

VI.

D'autant aussi qu'il s'est trouué d'autres nos subiets qui ayans pris querelles en nostredit Royaume, & s'estans donnez rendez vous pour se battre hors, ou sur les frontieres d'iceluy, ont estimé par ce moyen pouuoir eluder l'authorité de nos Edicts, Nous voulons que ceux qui tomberont en telles fautes soient poursuiuis, tant en leurs biens, durant leur absence, qu'en leurs personnes, après leur retour, tout ainsi, & en la mesme sorte que ceux qui contreuiendront à ce nostre present Edict, sans sortir de nostre Royaume, les iugeans mesme plus punissables en ce que le temps qu'ils

prennent, leur donnant lieu de cognoiſtre leur faute, la
ſurpriſe , & les premiers mouuemens qu'on a dans la
chaleur d'vne offenſe fraiſchement receuë ne les peut
excuſer.

VII.

Et quoy que nous eſtimions que la publication de
ceſtuy noſtre preſent Edict, que nous voulons à l'aduenir eſtre inuiolable , empeſchera tous nos ſubjects de
tomber és fautes, contre leſquelles il eſt faict. ſi toutesfois il arriuoit qu'ils fuſſent ſi miſerables que de ne s'en
abſtenir pas, & que non contens de commettre tels crimes ſi enormes deuant Dieu & les hommes, ils y atti-
raſſent & engageaſſent encores d'autres perſonnes, dõt
ils ſe ſeruiroient pour ſeconds, tiers, ou autre plus grãd
nombre, ce qui ne peut eſtre fait par aucuns, que pour
chercher laſchement dans l'adreſſe, ou le courage & ſe-
cours d'vn tiers, la ſeureté de leurs perſonnes qu'ils
veulent expoſer par vanité contre leur deuoir ſous ceſte ſeule confiance: Nous voulons que ceux qui ſe ren-
dront coulpables à l'aduenir d'vne telle, & ſi criminelle
laſcheté, ſoient irremiſſiblement punis de mort, ſuiuant
la rigueur de nos premiers Edicts & dé à preſent declarons les appellans & appellez qui ſe ſeruiront deſdits
ſeconds, tiers, ou autres, ignobles, eux & leur poſterité
décheus de toute Nobleſſe , & incapables de toutes
charges pour iamais, ſans que nous, ny nos ſucceſſeurs
les puiſſent reſtablir, & leur oſter la note d'infamie, que
iuſtement ils auront encouruë, tant par l'infraction de
nos Edicts, que par leur laſcheté : Nonobſtant toutes
lettres de grace & de remiſſion qu'ils puiſſent obtenir
de nous au contraire, par ſurpriſe, ou autrement: leſdits
ſeconds, ou tiers, neantmoins demeurans ſeulemét ſub-
jets aux meſmes peines des appellez, ſinon qu'eux mé-
mes euſſent fait l'appel, auquel cas ils ſeront punis des
peines portees par ce preſent Edict côtre les appellãs.

VIII. Nous

VIII.

Nous voulons en outre, & ordonnons que ceux qui possedent des biens à vie seulement sans aucun droict de proprieté, soient pour l'infraction du present Edict, outre les peines de ban portees cy dessus, au moins priuez pour cinq ans des deux tiers de leur reuenu, applicable moitié ausdits Hospitaux, & moitié aux autres œuures pies, selon nostre disposition sans preiudice de plus grandes peines, si les cas le meritent.

IX.

Que tous les enfans de famille qui seront conuaincus de telles fautes outre les peines de priuation de toutes les charges, pensions & incapacité d'en tenir à l'aduenir, au lieu de trois ans de bannissement portez cy dessus, soient retenus autant de temps estroitement prisonniers.

X.

Et afin que nostre present Edict soit plus inuiolablement obserué, Nous voulons que la mort soit irremissiblement infligee à tous ceux qui pour la seconde fois viendront à le violer, comme appellans, de quelque qualité & condition qu'ils puissent estre.

XI.

Or bien que les crimes susdits soient detestables en toutes sortes de personnes, y en ayans neantmoins ausquels par diuerses considerations ils sont plus horribles, & requierent par consequent vne particuliere, & plus grande peine que les autres, comme és personnes qui les commettent enuers ceux qui les ont nourris & esleuez, qui ont esté leurs Tuteurs, qui sont leurs Seigneurs de fief, qui ont esté leurs Chefs, & leur ont commandé & specialement quand leurs querelles naissent pour des sujets de commandement, chastiment, ou autre action passee durant qu'ils auront esté soubs leur charge, Nous voulons & ordonnons que les coulpa-

bles defdits crimes foienr fans diminution des peines
cy deffus, punis en outre en leurs perfonnes, fuiuant la
rigueur de nos Ordonnances & precedens Edicts.

XII.

Et s'il arriue qu'il y ayt eu appel duel, ou combat,
Nous voulons que la cognoiffance & iugement en ap-
partienne à nos Cours de Parlement, pour ce qui fera
arriué és Villes où elles font fceantes, aux enuirons d'i-
celles, ou bien plus loin entre perfonnes de telle qualité & importance qu'ils iugent y deuoir interpofer leur
authorité, & hors ces cas à nos Iuges ordinaires à la
charge de l'appel : Auec defenfes à noftre grand Pre-
uoft, fes Lieutenans & tous autres nos Preuofts, Lieutenans de robbe courte, & autres Iuges extraordinaires
d'en cognoiftre, quelque attribution ou addreffe qui
leur en peuft eftre faicte declarant dés à prefent telles
procedures, nulles, & de nul effect.

XIII.

Or parce que ce n'eft rien de faire des Loix, fi on ne
les faict religieufement, & inuiolablement obferuer,
pour rendre les peines fpecifiees par le prefent Edict
plus certaines & ineuitables, & ofter toute efperance
de grace & de faueur, Nous declarons deuant Dieu &
les hommes, à la defcharge de noftre confcience, que
nous auons folemnellement promis qu'encores que
pour autres confiderations, ou par importunité, nous
nous peuffions cy deuant eftre relafchez en quelques
occafions particulieres, de remettre les peines de nos
Edicts precedens, Nous n'accorderons iamais fciem-
ment aucunes lettres pour remettre celles du prefent
Edict, que nous auons faict iurer en nos mains aux Se-
cretaires de nos commandemens de n'en figner aucunes, & à noftre tres cher & feal Chancelier de n'en
point feeller, quelque expreffe inionction, ou commandement qu'ils en puiffent receuoir de noftre part :

ains refuſer abſolument tous ceux qui pourſuiuront telles graces, nonobſtant qu'ils expoſent les faits comme douteux, & les déguiſent pour les faire paroiſtre rencontre inopinée. Que nous tiendrons nos Conſeillers pour preuaricateurs, ſi iamais ils conſentent au contraire, & manquent à nous aduertir en gens de bien de ce à quoy nous nous obligeons par le preſent Edict: Que nous auons defendu & defendons à toutes perſonnes de quelque qualité & condition qu'elles ſoient, de nous faire aucune priere au contraire, en declarant infracteurs de nos Loix, ennemis de noſtre reputation, & indignes de noſtre bonne grace, tous ceux qui mediatement, ou immediatement l'oſeroient entreprendre. Et pour empeſcher que les coulpables ne reçoiuent aucune faueur, ou aſſiſtance, nous defendons à toutes perſonnes de quelque condition qu'elles puiſſent eſtre, de donner retraicte aux contreuenans à ce preſent Edict, à peine d'eſtre bannis pour vn an de noſtre Cour: Et partant ſi aucunes Lettres contraires ſe trouuoient cy apres expediees, pour quelque cauſe, & ſous quelque pretexte que ce ſoit, nous voulons qu'elles ſoient nulles, & de nul effect, comme donnees par ſurpriſe, contre noſtre intention & noſtre foy: Faiſans tres expreſſes defenſes à tous nos Iuges & Officiers auſquels elles ſeroient addreſſees, d'y auoir aucun eſgard, ſur les meſmes peines que deſſus.

XIV.

Et d'autant que quelques vns ſe voyans appellez ſe pourroient engager au combat, non par ſeule fureur & paſſion brutale, comme il arriue ſouuent, mais par la crainte d'eſtre ſoupçonnez de manquer de valeur & de courage s'ils refuſoient d'y aller: pour leuer ceſte vaine apprehenſion, & en outre recompenſer le merite & ſageſſe de ceux qui conduits par la raiſon, par l'amour & crainte de Dieu, ou par vn deſir religieux d'obeyr à nos Loix, refuferont le duel eftans appellez. & fe referueront à employer leur courage aux occafions legitimes qui le peuuent requerir, pour le bien de noftre feruice, & l'aduãtage de noftre Eftat, Nous declarons que nous reputons & reputerons toufiours tels refus pour marques, & tefmoignage d'vne valeur bien conduite, digne d'eftre employee par nous aux charges militaires, & plus honorables & importantes : Comme nous promettons & iurons deuant Dieu de les en gratifier tres-volontiers, quand les occafions s'en offriront.

X V.

Et afin que ceux qui font offenfez, ou croyent l'eftre, ne fe laiffent tranfporter à la fureur de ce crime, fous couleur de ne pouuoir retirer fatisfaction des iniures qu'ils pretendroient auoir receuës : Nous enioignons aux Officiers de noftre Couronne qui fe trouueront plus prochcs de l'offençant, & aux Gouuerneurs & Lieutenans Generaux de nos Prouinces, Capitaines & Gouuerneurs particuliers de nos Villes & Chafteaux, que dans l'eftenduë de leurs charges fur les aduis qu'ils auront des differens furuenus entre ceux qui y font profeffion des armes, ou fur les plaintes qui leur feront faites par les offenfez, ils mandent & facent venir auffi toft deuant eux les offenfans, pour auec l'aduis de deux ou trois Gentils hommes voifins, fages & bien fenfez, ordonner vne fatisfaction fi honorable à l'offenfé qu'il y ayt fujet d'en demeurer contant : eftant neceffaire pour empefcher l'infolence de ceux qui offenfent trop legerement, de les chaftier par des reparations auffi rigoureufes à ceux qui les font, qu'honorables à ceux qui les reçoiuent. Et au cas que l'vn ou l'autre ne vueille deferer à ce qui par eux aura efté arrefté, ils feront par nofdits Gouuerneurs, Lieutenans Generaux & Officiers fufdits, renuoyez pardeuant nos tres chers & bien-amez Coufins, les Conneftable & Ma-

reschaux de France, eſtans prés nôſtre perſonne, ou aux
Prouinces dans leſquelles tels cas pourroient eſtre arriuez, Auſquels nous donnons de nouueau toute authorité de decider & iuger abſolument tous differens
de ceſte nature ſur le poinct d'honneur, & reparation
d'offenſe, ſoit qu'ils ſoient arriuez dans noſtre Cour,
ou en quelqu'autre endroit de noſtre Royaume que
ce puiſſe eſtre. Entendons toutesfois que pour les differens arriuez en noſtredite Cour & ſuitte, noſdicts
Couſins les Conneſtable & Mareſchaux de France qui
s'y trouueront, en prennent les premiers cognoiſſan-
ce & pouruoyent ſelon l'ordre ſuſdit à tout ce qui ſera
beſoin, ſans neantmoins que les offenſez, ou preten-
dans l'eſtre, leſquels pour les reparations deſdites of-
fenſes, ſoit à l'honneur, biens, ou autre intereſt en vou-
dront faire leur plainte & pourſuitte pardeuant nos
Iuges ordinaires, en puiſſent eſtre empeſchez, ny appellez pour ce à la requeſte des offenſans, deuant noſdits Couſins les Mareſchaux de France, Lieutenans, ou
Gouuerneurs de nos Prouinces, deuant leſquels ils ſeront ſeulement tenus de reſpondre aux plaintes qu
l'on voudroit faire d'eux, ſans preiudice de leurs a-
ctions iuridiques.

XVI.

Et au cas que leſdites parties offenſantes refuſent d
ſubir le iugement deſdits Gouuerneurs de nos Prouin
ces & Villes, ou en leur abſence de leurs Lieutenans, E
que ſur ce elles ne ſe pouruoyent pas ſur le renuoy pa
deuant nos Couſins les Conneſtable, & Mareſchau
de France : Nous enioignons auſdits Gouuerneurs
Lieutenans de les faire pourſuiure & apprehender p
les Preuoſts de noſdicts Couſins, les Mareſchaux
France, & les contraindre par toutes voyes de ſubir
iugement qu'ils auront donné, voire meſme les mett
& retenir en priſon, iuſques à ce qu'elles y ayent ſati

faict, & les condamner à l'amende, & autres peines
qu'ils iugeront raisonnables pour la reparation de la
desobeissance, & du retardement.

XVII.

Et pour leur donner moyen de terminer facilement
tous differens de ceste nature, & de faire reparer toute
iniure, Nous nous obligeons d'accorder sur leurs aduis, tout ce que nostre conscience nous pourra permettre pour la satisfaction des offensez: Voulans que
tout ce qu'ils prononceront touchant le poinct d'honneur & reparation d'offense, soit si religieusement exe-
cuté de toutes parts, que si quelqu'vne des parties viét
à y manquer, outre les peines de prison, & autres qu'ils
leur pourront imposer, ils soient descheus des priuile-
ges de Noblesse. Enjoignans pour cét effect à nos Esleus, Officiers & Asseeurs des Tailles, de les compren-
dre au roolle d'icelles, & les taxer selon leurs facultez,
sans vser d'aucune conniuence, ny retardement, si tost
qu'ils auront veu les iugemens rendus par nosdicts
Cousins les Connestable & Mareschaux de France, &
autres de nos Gouuerneurs & Officiers cy dessus men-
tionnez: Sur peine ausdits Esleus & autres Officiers de
nosdites Tailles de priuation de leurs charges, & d'en
respondre en leur propre & priué nom le tout comme
dict est, sans preiudice des actions ciuiles que les vns &
les autres pourront auoir à intenter, ou poursuiure deuant les Iuges ordinaires, par l'ordre & les formes iuridiques. Lesquelles neantmoins nous exhortons nos-
dits Cousins & autres qui seront employez au iugement des querelles & offenses, de composer & accorder amiablement autant qu'il se pourra faire, pour oster
toute occasion au renouuellement des aigreurs & ani-
mositez qui produisent ces accidens funestes.

XVIII.

Et d'autant que par la negligence de nos Officiers

suſdicts , leſquels nous voulons vacquer aſſiduëment à
terminer les querelles qui naiſtront entre noſtre Nobleſſe , & autres gens faiſans profeſſion des armes , ou
par la conniuence dont ils pourroient vſer pour fauo-
riſer l'vne des parties, il pourroit arriuer que noſtre intention n'auroit pas l'effect que nous deſirons, veu que
l'execution d'icelle dépend de leur ſoin & de leur vi-
gilance, Nous enioignons, & tres expreſſément com-
mandons tant à tous noſdits Couſins les Conneſtable
& Mareſchaux de France, que Gouuerneurs & Lieutenans generaux deſdites Prouinces, de tenir la main
exactement & diligemment à l'obſeruation de noſtre
preſent Edict, ſans permettre que par faueur, conniuence & autre voye, il y ſoit contreuenu en aucune ſor-
te & maniere.

SI DONNONS EN MANDEMENT à nos amez
& feaux Conſeillers les Gens tenans nos Cours de
Parlemens, Baillifs, Seneſchaux, & autres nos Iuſticiers
& Officiers qu'il appartiendra, que le contenu en ces
preſentes, ils facent lire, publier & enregiſtrer, garder
& obſeruer, gardent & obſeruent inuiolablement, &
ſans l'enfraindre: CAR tel eſt noſtre plaiſir. Et afin que
ce ſoit choſe ferme & ſtable à touſiours, Nous auons ſi-
gné ces preſentes de noſtre propre main, & à icelles fait
mettre & appoſer noſtre ſeel, ſauf en autre choſe noſtre
droict, & l'autruy en toutes. DONNE' à Paris au
mois de Feurier l'an de grace mil ſix cens vingt-ſix. Et
de noſtre regne le ſeizieſme. Signé, LOVIS. Et plus
bas, Par le Roy, DE LOMENIE. Et à coſté, VISA.
Et ſcellé du grand ſceau de cire verte, ſur lacs de ſoye
rouge & verte. Et plus bas eſt eſcrit,

Leuës, publiees & regiſtrees, Oüy & ce reque-
rant le Procureur general du Roy, pour eſtre exe-

cutees, gardees & obseruees selon leur forme & te-
neur , & coppies collationnees d'icelles enuoyees
aux Bailliages & Seneschauffees de ce reffort, pour
y eftre pareillement leuës, publiees, regiftrees &
executees à la diligence des Subftituts dudit Procureur general, aufquels enjoint d'y tenir la main,
& d'en certifier la Cour auoir ce faict au mois. A
Paris en Parlement le vingt-quatriefme Mars
mil fix cens vingt-fix.

Signé,   DV TILLET.